Leomar A. Brustolin

Via-sacra da Ressurreição
Para o Tempo Pascal

Dados Internacionais de Catalogação na Publicação (CIP)
(Câmara Brasileira do Livro, SP, Brasil)

Brustolin, Leomar
    Via-Sacra da ressurreição para o Tempo Pascal / Leomar A.
Brustolin. – 3. ed. – São Paulo : Paulinas, 2014.

    ISBN 978-85-356-3791-5

    1. Jesus Cristo - Paixão 2. Jesus Cristo - Ressurreição 3. Mistério
pascal 4. Páscoa - Celebrações 5. Via-Sacra 6. Via-Sacra - Meditações
I. Título.

14-05709   CDD-232.96

Índice para catálogo sistemático:
1. Via-Sacra da ressurreição para o Tempo Pascal : Cristologia   232.96

3ª edição – 2014
3ª reimpressão – 2022

Direção-geral: Flávia Reginatto
Editores responsáveis: Vera Ivanise Bombonatto e
Antonio Francisco Lelo
Copidesque: Cirano Dias Pelin
Coordenação de revisão: Marina Mendonça
Revisão: Ana Cecilia Mari
Direção de arte: Irma Cipriani
Gerente de produção: Felício Calegaro Neto
Capa e diagramação: Manuel Rebelato Miramontes
Ilustrações: Gustavo Montebello

Nenhuma parte desta obra poderá ser reproduzida ou transmitida
por qualquer forma e/ou quaisquer meios (eletrônico ou mecânico,
incluindo fotocópia e gravação) ou arquivada em qualquer sistema ou
banco de dados sem permissão escrita da Editora. Direitos reservados.

Paulinas
Rua Dona Inácia Uchoa, 62
04110-020 – São Paulo – SP (Brasil)
Tel: (11) 2125-3500
http://www.paulinas.com.br – editora@paulinas.com.br
Telemarketing e SAC: 0800-7010081
© Pia Sociedade Filhas de São Paulo – São Paulo, 2010

Introdução

Nossas comunidades conhecem bem a prática da via-sacra da cruz durante a Quaresma. Trata-se de uma meditação importante sobre a Paixão de Cristo. Nas últimas décadas, contudo, desenvolveu-se a via-sacra da ressurreição, quando muitas comunidades cristãs se unem no Tempo Pascal para meditar as passagens bíblicas compreendidas entre a ressurreição e o Pentecostes. Essa via-sacra é também conhecida como *via lucis*, isto é, caminho da luz. Ela nos faz caminhar como filhos da luz!

A via-sacra da Quaresma e a via-sacra do Tempo Pascal se unem formando uma só meditação sobre o mistério central da fé cristã: a paixão, morte e ressurreição do Senhor.

A via-sacra da ressurreição está alinhada com as propostas do Concílio Vaticano II, que percebeu a necessidade de valorizar a ressurreição do Senhor sem esquecer a cruz, para podermos compreender a revelação do mistério pascal.

A via-sacra da ressurreição é semelhante à via-sacra da cruz: as estações e as leituras bíblicas compreendem o processo que vai da ressurreição de Jesus, suas aparições aos discípulos à ascensão, até o Pentecostes e a promessa dos novos céus e da nova terra.

Essa via-sacra nos conduz a contemplar o mistério da dor e da morte, com o olhar de Deus, que tudo ilumina com a Páscoa e a todos revigora com seu amor. Diante de tantos sinais de morte da nossa sociedade, a via-sacra da ressurreição celebra e promove a vida que Deus nos oferece em Jesus. A morte foi vencida pelo Senhor da vida.

O caminho da cruz e da luz

Celebrar a Páscoa é considerar a unidade inseparável entre cruz e ressurreição. O Crucificado da Sexta-feira Santa é o vitorioso Ressuscitado do Sábado de Aleluia. Separar a cruz da ressurreição é esvaziar o sentido da Páscoa. Se celebrássemos apenas a morte de Jesus de Nazaré, perderíamos a novidade surpreendente de Deus, que é capaz de renovar todas as coisas e dar nova vida ao que morreu. Se celebrássemos, no entanto, somente a ressurreição, esvaziaríamos o sentido das experiências de cada dia, marcadas por sombras e preocupações, angústias e tristezas, e também sonhos e esperanças de um mundo melhor.

A via-sacra da cruz não pode ser celebrada desconsiderando a vitória de Cristo na Páscoa. Na verdade, participamos dos sofrimentos de Cristo para termos parte também em sua glória. Preparados e purificados pela cruz, renovamos nossa consciência de batizados: banhados e iluminados em Cristo.

A Páscoa nos ensina que o Povo de Deus não pode deixar de sonhar, desejar e esperar. Contra todo desespero e ilusão, é necessário seguir criando e trabalhando por um mundo melhor. Apesar dos impérios da morte, da potência do vazio e do absurdo, o cristão não deixa de profetizar em favor da vida, da dignidade humana e da preservação da criação. A esperança há de proporcionar o início de um tempo onde justiça e paz se abraçam.

A promessa da vida, que brota da ressurreição de Cristo, conduz também o ser humano ao Espírito Santo, que vivifica no sofrimento e remete ao louvor da nova criação. Pode parecer estranho, mas a única maneira de os cristãos se mostrarem realistas é aspirando ao impossível. Caminha-se neste mundo rumo ao futuro de Deus. Tudo se dirige para a mesma meta: o Senhor que ressuscita e vem, o mundo que chegará à sua plena realização em Cristo. Somos filhos da ressurreição. Caminhemos nessa luz!

O Tempo Pascal

A maior festa cristã é a Páscoa do Senhor. É no Tríduo Pascal (Quinta-feira Santa, Sexta-feira Santa e Sábado de Aleluia) que se celebram os mistérios de Cristo, fundamento de toda a nossa fé: ceia, paixão, morte e ressurreição. A ressurreição do Senhor é a grande prova da verdade de tudo o que ele ensinou e fez. Como diz o Apóstolo Paulo, se Cristo não tivesse ressuscitado, vazias seriam a nossa pregação e a nossa fé (cf. 1Cor 15,14).

A Festa da Páscoa não se restringe ao domingo da ressurreição. Ela se estende até a Festa de Pentecostes, que é celebrada cinquenta dias após a Páscoa, quando Jesus Ressuscitado nos envia o Espírito Santo.

O Tempo Pascal é cheio de alegria e exultação, como se fosse um só dia de festa, um "grande domingo de Páscoa". São "dias de Páscoa" e não "após a Páscoa".

Os oito primeiros dias desse período são chamados de "oitava da Páscoa", celebrados como solenidades do Senhor. No sétimo domingo da Páscoa celebra-se a Festa da Ascensão do Senhor, quando Jesus volta ao céu, para junto do Pai.

Desde a segunda-feira da oitava da Páscoa até o Pentecostes, somos chamados a viver e sentir a alegria da vida nova que Jesus nos oferece com sua ressurreição.

Como celebrar a via-sacra da ressurreição

Para que a comunidade cristã vivencie melhor o Tempo Pascal, pode-se celebrar a via-sacra da ressurreição. Trata-se de meditar as estações que expressam a ressurreição de Jesus. Através de textos bíblicos, reflexões, orações e cânticos, revivemos a alegria da vigília pascal.

A comunidade pode escolher um dia da semana para que todos se reúnam e, durante todo o Tempo Pascal, celebrem a via-sacra da ressurreição.

Nas paredes do local onde a comunidade se encontra seria muito bom colocar os cartazes da via-sacra da ressurreição, pois a imagem ajuda muito a rezar. Onde há a via-sacra da cruz poder-se-ia colocar as imagens da via-sacra da ressurreição por cima delas, desde a vigília pascal até Pentecostes. Colocadas no mesmo lugar, a comunidade perceberá que cruz e ressurreição formam uma só realidade no mistério pascal.

No dia e hora marcados, todos se colocam diante da primeira estação. O ideal é que alguém carregue o Círio Pascal, o grande símbolo da Páscoa. Todos os participantes poderiam ter pequenas velas para acender no Círio, no início da celebração, como indica o roteiro dessa via-sacra. Ao concluir todo o caminho da luz, seria muito bom fazer um tempo de adoração à Eucaristia diante do sacrário ou na capela do Santíssimo Sacramento. As comunidades que não dispõem da reserva eucarística poderiam concluir diante do altar ou de uma imagem de Jesus.

Siglas

P: Presidente da celebração: sacerdote, catequista ou animador da comunidade
L1: Primeiro leitor
L2: Segundo leitor
L: L1 ou L2
T: Todos
C: Cantando

Acolhida

L1: Sejam todos bem-vindos! Celebremos a via-sacra da ressurreição. Recordemos o caminho da luz desde a ressurreição de nosso Senhor Jesus Cristo até a vinda do Espírito Santo. Unidos na fé, esperamos os novos céus e a nova terra que a ressurreição de Jesus revelou.

P: Em nome do Pai e do Filho e do Espírito Santo.

T: Amém.

P: A graça de nosso Senhor Jesus Cristo, o Ressuscitado, o amor do Pai das Luzes e a comunhão do Espírito Santo Consolador estejam convosco!

T: Bendito seja Deus que nos reuniu no amor de Cristo.

P: Irmãos e irmãs, a alegria da Páscoa permanece conosco. Iluminados por Cristo, somos novas criaturas, as coisas antigas já se passaram, somos o povo novo, nascido da cruz e da ressurreição. Alimentemos nossa fé e nossa esperança na ressurreição acendendo nossas velas no Círio Pascal.

(Enquanto a comunidade acende suas velas no Círio Pascal, pode-se cantar: "Ó luz do Senhor, que vem sobre a terra, inunda meu ser, permanece em nós".)

P: Oremos. Ó Pai, pela ressurreição do vosso Filho, confirmai a nossa fé e a nossa esperança na vida mais forte que a morte. Fazei que não nos deixemos vencer pela tristeza e pelo medo, mas colaboremos na construção de um mundo novo, dom do vosso amor e do vosso Filho Jesus Cristo, nosso Senhor.

T: Amém.

1ª Estação

Jesus ressuscitou!

2ª Estação

O sepulcro está vazio

3ª Estação

O Ressuscitado aparece para Maria Madalena

4ª Estação

O caminho de Emaús

P: Nós vos adoramos, Senhor Jesus Cristo, e vos bendizemos!

T: Porque pela vossa santa Páscoa remistes o mundo!

Texto bíblico: Lc 24,13-17.26-27

L1: Naquele mesmo dia, o primeiro da semana, dois dos discípulos iam para um povoado, chamado Emaús, a uns dez quilômetros de Jerusalém. Conversavam sobre todas as coisas que tinham acontecido. Enquanto conversavam e discutiam, o próprio Jesus se aproximou e começou a caminhar com eles. Os seus olhos, porém, estavam como vendados, incapazes de reconhecê-lo. Então Jesus perguntou: "O que andais conversando pelo caminho?" [...] Não era necessário que o Cristo sofresse tudo isso para entrar na sua glória?" E, começando por Moisés e passando por todos os Profetas, explicou-lhes, em todas as Escrituras, as passagens que se referiam a ele.

Comentário

L2: Com a morte de Jesus na cruz, seus discípulos ficaram com medo e decepcionados. Tinham medo de morrer como Jesus e por isso procuraram se distanciar de Jerusalém. Estavam desanimados e sem esperança. A tristeza impedia-os de dar importância ao que as mulheres e alguns dos discípulos contaram sobre o sepulcro vazio. Mas Jesus caminha com eles. Os discípulos sentem-se atraídos pela palavra e pela companhia do novo caminhante. Jesus anda conosco pelos caminhos da vida. E quantas vezes nós não o reconhecemos! Está também nas pessoas famintas, sedentas, forasteiras, nuas, doentes e prisioneiras.

Preces

P: Como em Emaús, rezemos para que o Senhor permaneça conosco e digamos...

T: Ficai conosco, Senhor!

L: Quando os dias ficam pesados e o desânimo toma conta...

L: Diante das frustrações da vida e da sociedade...

L: Quando a estrada é longa e parece difícil caminhar...

L: Para que o nosso coração se aqueça...

L: Para acolhermos a Palavra de Deus em nossa vida...

Oração

P: Pai Santo, vosso Filho caminhou com os viajantes de Emaús, acolheu suas angústias, explicou as Escrituras e fez seu coração arder. Que o mesmo Cristo permaneça em nossa casa, escola e trabalho, para aquecer o que está frio, animar os tristes e nos conduzir na Verdade. Nós vos pedimos, por nosso Senhor Jesus Cristo, na unidade do Espírito Santo.

T: Amém.

P: Pela ressurreição de Cristo...

T: Guardai-nos na luz, ó Santa Mãe do Senhor.

C: *O Ressuscitado vive entre nós. Amém. Aleluia.*

5ª Estação

Jesus é reconhecido ao partir o pão

P: Nós vos adoramos, Senhor Jesus Cristo, e vos bendizemos!

T: Porque pela vossa santa Páscoa remistes o mundo!

Texto bíblico: Lc 24,28-32

L1: Quando chegaram perto do povoado para onde iam, ele fez de conta que ia adiante. Eles, porém, insistiram: "Fica conosco, pois já é tarde e a noite vem chegando!". Ele entrou para ficar com eles. Depois que se sentou à mesa com eles, tomou o pão, pronunciou a bênção, partiu-o e deu a eles. Neste momento, seus olhos se abriram, e eles o reconheceram. Ele, porém, desapareceu da vista deles. Então um disse ao outro: "Não estava ardendo o nosso coração quando ele nos falava pelo caminho e nos explicava as Escrituras?".

Comentário

L2: Os discípulos de Emaús reconheceram Jesus no gesto de partir o pão. A conversa que tiveram com ele aqueceu o coração deles e despertou-lhes a confiança. O coração dos discípulos ardia enquanto Jesus lhes explicava as Escrituras. Porém seus olhos se abriram e puderam reconhecê-lo no momento da partilha do pão. Este acontecimento destaca a presença de Jesus Ressuscitado, que continua a caminhar conosco e a nos alimentar, especialmente na Eucaristia.

Preces

P: Peçamos ao Senhor que fortaleça nosso caminho com o pão que ele mesmo nos dá e supliquemos...

T: Dai-nos sempre deste pão!

L: Para que nossa comunidade viva em maior unidade e comunhão...

L: Para vivermos atentos aos pobres, aos doentes e a todos aqueles que precisam...

L: Para unirmos a fé e a vida, a oração e a ação...

L: Para que a Eucaristia transforme nossa vida, cure as feridas e renove nosso ser e nosso agir...

Oração

P: Pai de bondade, nós vos agradecemos a Eucaristia, presença viva de Jesus entre nós. Concedei-nos viver a comunhão e nos amarmos uns aos outros, como Jesus ensinou. Nós vos pedimos pelo mesmo Cristo, na unidade do Espírito Santo.

T: Amém.

P: Pela ressurreição de Cristo...

T: Guardai-nos na luz, ó Santa Mãe do Senhor.

C: *O Ressuscitado vive entre nós. Amém. Aleluia.*

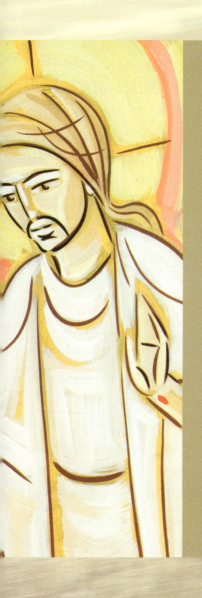

6ª Estação

O Ressuscitado aparece aos discípulos

P: Nós vos adoramos, Senhor Jesus Cristo, e vos bendizemos!

T: Porque pela vossa santa Páscoa remistes o mundo!

Texto bíblico: Lc 24,36-40

L1: [...] Jesus apareceu no meio deles e lhes disse: "A paz esteja convosco!". Eles ficaram assustados e cheios de medo, pensando que estavam vendo um espírito. Mas ele disse: "Por que estais preocupados, e por que tendes dúvidas no coração? Vede minhas mãos e meus pés: sou eu mesmo! Tocai em mim e vede! Um espírito não tem carne, nem ossos, como estais vendo que eu tenho". E dizendo isso, ele mostrou-lhes as mãos e os pés.

Comentário

L2: Quando o Ressuscitado aparece vivo e vencedor, os discípulos ficam assustados e perturbados. Em sua memória, está a marca das torturas e da cruz de Jesus. Quando o Cristo se manifesta, pensam que é um fantasma. Jesus, porém, mostra-lhes as feridas da cruz e as marcas que o sofrimento deixou nele. Jesus revela que o tempo da vida na terra não foi desperdiçado. Tudo o que fazemos aqui – sofrimentos, alegrias, solidariedade, amor e fé – marca nosso ser também depois da morte. A morte não extingue o bem que fizemos pelos outros enquanto vivemos.

Preces

P: Unidos a todos os seguidores de Jesus, renovemos nosso amor e nossa esperança e peçamos que o Senhor aumente nossa fé, rezando...

T: Aumentai a nossa fé!

L: Quando as preocupações desta vida nos deixam perturbados...

L: Quando a dúvida invade nossa mente e nosso coração...

L: Para sermos livres no seguimento de Jesus...

L: Que nada possa nos separar do amor de Cristo...

Oração

P: Senhor, Pai de amor, o Senhor Jesus se manifestou aos discípulos e deu-lhes a paz. Fazei que possamos ser missionários da paz por onde andarmos e, assim, sermos reconhecidos como filhos da ressurreição. Por Cristo, nosso Senhor...

T: Amém.

P: Pela ressurreição de Cristo...

T: Guardai-nos na luz, ó Santa Mãe do Senhor.

C: *O Ressuscitado vive entre nós. Amém. Aleluia.*

7ª Estação

O Ressuscitado e o dom do perdão

P: Nós vos adoramos, Senhor Jesus Cristo, e vos bendizemos!

T: Porque pela vossa santa Páscoa remistes o mundo!

Texto bíblico: Jo 20,21-23

L1: Jesus disse, de novo: "A paz esteja convosco. Como o Pai me enviou também eu vos envio". Então, soprou sobre eles e falou: "Recebei o Espírito Santo. A quem perdoardes os pecados, serão perdoados; a quem os retiverdes, lhes serão retidos".

Comentário

L2: No dia de Páscoa, os seguidores de Jesus receberam um novo hálito de vida. E eles se tornaram testemunhas do Crucificado que ressuscitou dos mortos. Essa novidade só pode ser obra do Espírito Santo. Ele é quem faz o ser humano sair do pecado e viver na verdade e na justiça. Na força do Espírito, os discípulos perdoam os pecados, para regenerar a vida, para recuperar o ser humano, para dar nova direção à história e reintegrar a natureza ao Criador. O perdão cura as feridas que o pecado deixa no coração humano. Acolhendo o perdão, somos renovados no seguimento de Jesus. Quem é perdoado aprende a perdoar, porque se sente amado e sabe amar.

Preces

P: O Senhor nos perdoa e mostra-nos que é preciso perdoar quem nos ofende, por isso digamos...

T: Senhor, ensinai-nos a perdoar!

L: Por aqueles que nos ofenderam...

L: Por aqueles a quem nós ofendemos...

L: Para sermos uma comunidade misericordiosa...

L: Para sermos livres e capazes de perdoar...

Oração

P: Pai de amor e perdão, vosso Filho Jesus Cristo concedeu à Igreja o dom de perdoar os pecados. Ajudai-nos a reconhecer nossos erros, arrepender-nos de nossos pecados e confessar nossas culpas para receber o perdão. Nós vos pedimos por Cristo, na unidade do Espírito Santo.

T: Amém.

P: Pela ressurreição de Cristo...

T: Guardai-nos na luz, ó Santa Mãe do Senhor.

C: *O Ressuscitado vive entre nós. Amém. Aleluia.*

P: Nós vos adoramos, Senhor Jesus Cristo, e vos bendizemos!

T: Porque pela vossa santa Páscoa remistes o mundo!

Texto bíblico: Jo 20,26-29

L1: [...] os discípulos encontravam-se reunidos na casa, e Tomé estava com eles. Estando as portas fechadas, Jesus entrou, pôs-se no meio deles e disse: "A paz esteja convosco". Depois disse a Tomé: "Põe o teu dedo aqui e olha as minhas mãos. Estende a tua mão e coloca-a no meu lado e não sejas incrédulo, mas crê!". Tomé respondeu: "Meu Senhor e meu Deus!". Jesus lhe disse: "Creste porque me viste? Bem-aventurados os que não viram, e creram!".

Comentário

L2: Como Tomé, muitas pessoas têm dificuldade em acreditar. Exigem provas ou um testemunho tão perfeito que basta verem algumas falhas nos seguidores de Jesus para não acreditar que esse seja o caminho da salvação. Somos mais exigentes com os outros do que o próprio Deus é com a humanidade. Como Tomé, muita gente hoje não participa da vida da comunidade. Nossa fé implica a vivência comunitária. Essa foi a experiência dos primeiros discípulos, como Pedro, João e Tomé. Na origem da fé está o impacto produzido por seguir Jesus: o Deus feito homem. A fé não é, em primeiro lugar, adesão a uma teoria, mas adesão a uma pessoa. Crer em Jesus Cristo é acreditar que a sua vida dá sentido à nossa vida.

Preces

P: Como Tomé, renovemos nosso amor a Jesus e aclamemos sua humanidade e divindade, dizendo...

T: Meu Senhor e meu Deus!

L: Pelo dom da vida, presente do Pai Criador...

L: Pelo dom da Eucaristia, presença divina do Filho no meio de nós...

L: Pelo dom da Esperança, fruto do Espírito que nos santifica...

L: Pela vida eterna, dom da Trindade aos filhos e filhas...

Oração

P: Pai amoroso, o Apóstolo Tomé viu e acreditou na ressurreição de Jesus. Que nossa comunidade possa crer para ver como a Páscoa renova a nossa vida e aumenta a nossa fé, nossa esperança e nosso amor. Nós vos pedimos por Cristo Ressuscitado, na força do Espírito Santo.

T: Amém.

P: Pela ressurreição de Cristo...

T: Guardai-nos na luz, ó Santa Mãe do Senhor.

C: *O Ressuscitado vive entre nós. Amém. Aleluia.*

9ª Estação

O Ressuscitado na beira do lago

P: Nós vos adoramos, Senhor Jesus Cristo, e vos bendizemos!

T: Porque pela vossa santa Páscoa remistes o mundo!

Texto bíblico: Jo 21,1-2.4-7

L1: [...] Jesus apareceu de novo aos discípulos, à beira do mar de Tiberíades. A aparição foi assim: Estavam juntos Simão Pedro, Tomé, chamado Gêmeo, Natanael, de Caná da Galileia, os filhos de Zebedeu e outros dois discípulos dele. [...] Já de manhã, Jesus estava aí na praia, mas os discípulos não sabiam que era Jesus. Ele perguntou: "Filhinhos, tendes alguma coisa para comer?". Responderam: "Não". Ele lhes disse: "Lançai a rede à direita do barco e achareis". Eles lançaram a rede e não conseguiam puxá-la para fora, por causa da quantidade de peixes. Então, o discípulo que Jesus mais amava disse a Pedro: "É o Senhor!". [...]

Comentário

L2: Na beira do lago de Tiberíades, naquela manhã, estava o Ressuscitado. No meio do lago estavam os discípulos de Jesus que tinham retornado à antiga profissão depois da morte de Jesus. Para eles, tudo estava acabado. É quando João olha para a praia e vê aquele homem na beira do lago. Seu coração o faz exclamar: "É o Senhor!". No meio do lago de nossas atividades podemos esquecer de olhar para fora do barco.

Somos muito ocupados. O Cristo, porém, está sempre pronto para nos alimentar, para dar sentido ao viver, para estimular o nosso amor, para que não nos cansemos de amar.

Preces

P: Rezemos, irmãos e irmãs, para que sejamos capazes de reconhecer a presença do Ressuscitado que se manifesta em nossa vida. Digamos...

T: Queremos ver Jesus!

L: Diante das crianças, que pedem carinho e atenção...

L: Diante dos jovens, com seus sonhos e projetos...

L: Diante das famílias, com suas buscas e esperanças...

L: Diante dos idosos, que querem ser cuidados e amados...

Oração

P: Ó Pai, a manifestação do Ressuscitado na beira do lago nos enche de alegria. Também em nossos trabalhos e atividades queremos reconhecer a presença amorosa de Jesus. Ensinai-nos a abrir os olhos para perceber sua presença. Nós vos pedimos por Cristo, nosso Senhor.

T: Amém.

P: Pela ressurreição de Cristo...

T: Guardai-nos na luz, ó Santa Mãe do Senhor.

C: *O Ressuscitado vive entre nós. Amém. Aleluia.*

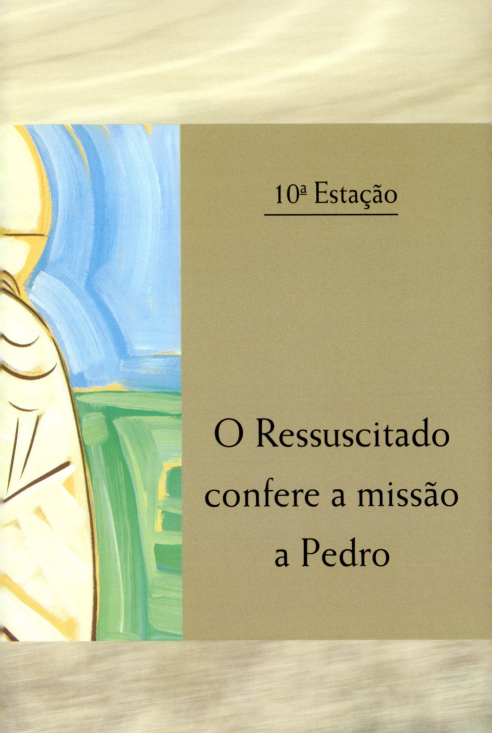

10ª Estação

O Ressuscitado confere a missão a Pedro

P: Nós vos adoramos, Senhor Jesus Cristo, e vos bendizemos!

T: Porque pela vossa santa Páscoa remistes o mundo!

Texto bíblico: Jo 21,15

L1: Depois de comerem, Jesus perguntou a Simão Pedro: "Simão, filho de João, tu me amas mais do que estes?". Pedro respondeu: "Sim, Senhor, tu sabes que te amo". Jesus lhe disse: "Cuida dos meus cordeiros".

Comentário

L2: Cristo se manifesta a Pedro na margem do lago. Pedro havia traído o Mestre três vezes. Agora, deve responder que ama Jesus e por isso aceita a missão de ser o pastor que confirma a fé de seus irmãos. Como Pedro, podemos dizer sim para Deus e acabar não cumprindo nossa promessa. Amar a Deus é sempre um ato segundo, pois Deus nos amou primeiro. Pode-se dizer que, ao amar a Deus, estamos respondendo ao amor que dele já recebemos. Foi ele que nos criou, é ele que nos sustenta e salva e nos lança no imenso e infinito amor de sua comunhão. Pedro, marcado pelo amor, recebe a missão de cuidar dos amigos do Senhor. O apóstolo deve manter a unidade e confirmar a fé dos seguidores de Jesus. O Papa continua a missão do apóstolo Pedro ao longo dos tempos. Como Igreja, somos chamados a viver nessa comunhão.

Preces

P: Com São Pedro Apóstolo, renovemos nosso compromisso de batizados e sejamos capazes de amar e cuidar, rezando...

T: Ensinai-nos a amar e cuidar!

L: Para que toda a Igreja se renove na força do Evangelho...

L: Para nos unirmos à missão do papa e dos bispos...

L: Para que nossa comunidade seja mais fraterna e acolhedora...

L: Para não nos desviarmos daqueles que precisam de nossa ajuda...

Oração

P: Pai de bondade, o Apóstolo Pedro recebeu de Jesus a missão de cuidar de todos os discípulos. Concedei que amemos a Igreja, comunidade da ressurreição, guiada pelo papa e pelos bispos, para sermos no mundo as testemunhas da Páscoa. Nós vos pedimos por Cristo, na unidade do Espírito Santo.

T: Amém.

P: Pela ressurreição de Cristo...

T: Guardai-nos na luz, ó Santa Mãe do Senhor.

C: *O Ressuscitado vive entre nós. Amém. Aleluia.*

11ª Estação

O Ressuscitado envia os discípulos em missão

P: Nós vos adoramos, Senhor Jesus Cristo, e vos bendizemos!

T: Porque pela vossa santa Páscoa remistes o mundo!

Texto bíblico: Mt 28,19-20

L1: Ide, pois, fazer discípulos entre todas as nações, e batizai-os em nome do Pai, do Filho e do Espírito Santo. Ensinai-lhes a observar tudo o que vos tenho ordenado. Eis que estou convosco todos os dias, até o fim dos tempos.

Comentário

L2: Jesus foi crucificado e morreu publicamente. Mas somente algumas mulheres e os discípulos fugitivos da Galileia souberam da sua ressurreição. Cristo Ressuscitado não se manifestou ao mundo, mas a seus discípulos, "que agora são suas testemunhas diante do povo" (At 13,31). Retornando a Jerusalém, eles anunciaram publicamente que Deus havia ressuscitado dentre os mortos *aquele* que fora crucificado. O Crucificado é o Ressuscitado. Essa verdade transformou os apóstolos em homens novos e encheu de sentido suas vidas e missão. Deixando de ser medrosos e de fugir, como estavam e agiam depois da morte do Messias, enchendo-se de coragem, começaram a pregar a Boa-Nova com tanta firmeza e convicção que muita gente se converteu.

Preces

P: O Senhor enviou os discípulos para batizar, ensinar e anunciar a obra da salvação. Já que também a nós é confiada esta tarefa, rezemos...

T: Enviai-nos, Senhor!

L: Para renovar a fé daqueles que foram batizados...

L: Para apoiar o trabalho da catequese...

L: Para ser testemunhas de Cristo em nosso trabalho...

L: Para partilhar a vida em Cristo com todos os que nos conhecem...

Oração

P: Senhor, Pai Santo, a missão que os discípulos receberam de Jesus é também confiada a nós, seus seguidores. Fazei que nosso Batismo seja fonte de vida para todos e nos impulsione a anunciar Jesus, para que todos tenham vida em abundância. Por Cristo, na Unidade do Espírito Santo.

T: Amém.

P: Pela ressurreição de Cristo...

T: Guardai-nos na luz, ó Santa Mãe do Senhor.

C: *O Ressuscitado vive entre nós. Amém. Aleluia.*

12ª Estação

A ascensão de Jesus

P: Nós vos adoramos, Senhor Jesus Cristo, e vos bendizemos!

T: Porque pela vossa santa Páscoa remistes o mundo!

Texto bíblico: At 1,9-11

L1: [...] Jesus foi elevado, à vista deles, e uma nuvem o retirou aos seus olhos. Continuavam olhando para o céu, enquanto Jesus subia. Apresentaram-se a eles então dois homens vestidos de branco, que lhes disseram: "Homens da Galileia, por que ficais aqui, parados, olhando para o céu? Esse Jesus que, do meio de vós, foi elevado ao céu, virá assim, do mesmo modo como o vistes partir para o céu".

Comentário

L2: Enquanto Jesus volta ao Pai, na ascensão, os seguidores são acompanhados e fortalecidos pelo Espírito de Jesus. Eles não devem ficar olhando para o céu, mas para a terra. Do céu Jesus guiará a missão da Igreja. O tempo da Igreja é o de anunciar o Reino que Jesus revelou. O Reino pode parecer um grão de mostarda. Pode ser que vejamos mais a mentira, a guerra, a injustiça e o ódio vencerem atualmente. A semente, porém, está crescendo e vai se tornar a maior realidade de tudo o que existe. O Reino de Deus vencerá, o amor será o bem maior e a paz reinará.

Preces

P: Supliquemos ao Cristo que subiu aos céus e permanece conosco todos os dias, rezando...

T: Permanecei conosco, Senhor!

L: Rei da glória, para que a vossa ascensão aos céus nos ensine a buscar as coisas do alto com olhar atento aos que estão ao nosso redor, rezemos...

L: Senhor dos céus, para que o vosso amor nos mostre que o caminho para o céu passa pelo compromisso com a terra, rezemos...

L: Cristo Senhor, para que a vossa presença nos faça ver o que devemos fazer para ver neste mundo os sinais do Reino que virá, rezemos...

L: Senhor nosso Deus, para que iluminais nossa vida a fim de sabermos rezar e trabalhar para que todos tenham vida em plenitude, rezemos...

Oração

P: Ó Pai amado, a ascensão do vosso Filho já é nossa vitória. Fazei-nos exultar de alegria e gratidão, pois, membros de seu corpo, somos chamados na esperança a participar da sua glória. Por Cristo, nosso Senhor.

T: Amém.

P: Pela ressurreição de Cristo...

T: Guardai-nos na luz, ó Santa Mãe do Senhor.

C: *O Ressuscitado vive entre nós. Amém. Aleluia.*

13ª Estação

Com Maria, testemunhas da ressurreição

P: Nós vos adoramos, Senhor Jesus Cristo, e vos bendizemos!

T: Porque pela vossa santa Páscoa remistes o mundo!

Texto bíblico: At 1,12-14

L1: Então os apóstolos deixaram o monte das Oliveiras e voltaram para Jerusalém [...]. Entraram na cidade e subiram para a sala de cima onde costumavam ficar. [...] Todos eles perseveravam na oração em comum, junto com algumas mulheres – entre elas, Maria, mãe de Jesus – e com os irmãos dele.

Comentário

L2: Maria é parte integrante da Igreja e está ligada à sua missão. Ela é colocada como um membro da comunidade-mãe de Jerusalém, ao lado dos onze apóstolos. O mesmo Espírito que agiu nela, na concepção de Jesus, vem agora sobre esse grupo, quando nasce a Igreja. A Mãe de Deus acompanhou o crescimento da comunidade dos seguidores de Jesus desde o início. Ela é a Mãe que Jesus nos deu! Nossa Senhora viveu discreta, mas intensamente, sua fé e sua fidelidade a Deus. Sigamos o exemplo dela para sermos fiéis a Jesus em todos os momentos. É na comunidade que partilhamos angústias e esperanças, nos unimos em oração e nos fortalecemos como família de Deus.

Preces

P: Com Maria, Mãe de Deus e nossa, supliquemos ao Senhor, dizendo...

T: Por Maria, atendei-nos, Senhor!

L: Pai Santo, que encontrastes em Maria a discípula perfeita da Páscoa, para que nos ensinais a esperar a vida que virá na fidelidade ao ensinamento de Jesus, rogamos...

L: Senhor Jesus, vossa Mãe nos mostrou o valor da oração e da vida em comunidade. Para que seu exemplo aumente em nós o desejo de unidade e comunhão, rogamos...

L: Espírito Santo de Deus, que por Maria destes ao mundo o Salvador, a fim de fazer que nosso testemunho de discípulos possa apresentar o Cristo a todos, rogamos...

Oração

P: Pai de amor, em Maria brilha para nós a esperança da Páscoa. Nela se contempla o mistério de nosso futuro junto à Trindade santa. Concedei que aprendamos com a Mãe a ser dignos filhos da ressurreição, por Cristo, nosso Senhor...

T: Amém.

P: Pela ressurreição de Cristo...

T: Guardai-nos na luz, ó Santa Mãe do Senhor.

C: *O Ressuscitado vive entre nós. Amém. Aleluia.*

14ª Estação

O Ressuscitado envia o Espírito Santo

P: Nós vos adoramos, Senhor Jesus Cristo, e vos bendizemos!

T: Porque pela vossa santa Páscoa remistes o mundo!

Texto bíblico: At 2,2-4

L1: De repente, veio do céu um ruído como de um vento forte, que encheu toda a casa em que se encontravam. Então apareceram línguas como de fogo que se repartiram e pousaram sobre cada um deles. Todos ficaram cheios do Espírito Santo e começaram a falar em outras línguas, conforme o Espírito lhes concedia expressar-se.

Comentário

L2: No dia de Pentecostes, na sala do cenáculo passou um vento que mudou a vida de todos. O sopro divino é que deu um hálito de vida nova aos seguidores de Jesus. Com a vinda do Espírito Santo se acendeu o fogo do amor que aqueceu o coração dos discípulos e deu coragem para anunciar o Cristo vivo e vencedor da morte. Muitas línguas, raças e culturas ouviram e acolheram a Boa-Nova de Cristo. A Igreja nasceu em Jerusalém e se expandiu até os confins da terra. A força do Espírito, dado em Pentecostes, sopra quando e onde quer. Ninguém para, ninguém prende nem pode impedir que o anúncio da ressurreição chegue a todos os cantos da terra. A alegria da Páscoa ressoa em toda a comunidade humana, em todos os tempos e lugares, chegando também até nós. O Espírito faz novas todas as coisas. Ele aquece o frio, livra do desvio e cura o enfermo. Ele é doçura e vigor, alegria e força, paz e coragem.

Preces

P: Invoquemos o Espírito Santo Consolador para nos auxiliar em nossas necessidades, rezando...

T: Enviai o vosso Espírito Santo!

L: Para que nossa Igreja seja fiel aos mandamentos de Cristo...

L: Para que nossa comunidade vença as dificuldades, impulsionada pelo ideal de viver a comunhão...

L: Pelas nossas famílias, com suas preocupações e angústias, para que saibam encontrar luzes no caminho...

L: Por todos os que passam por provações, para que sejam assistidos pela força do Senhor...

L: Pelos povos e nações da terra, para que o amor supere o ódio, a paz vença os conflitos e o perdão substitua a vingança...

Oração

P: Deus, nosso Pai, quisestes que o mistério pascal se completasse ao longo de cinquenta dias, até a vinda do Espírito Santo. Fazei que todas as nações da terra, na diversidade de suas línguas, se unam no louvor do vosso nome. Por nosso Senhor Jesus Cristo, vosso Filho, na unidade do Espírito Santo.

T: Amém.

P: Pela ressurreição de Cristo...

T: Guardai-nos na luz, ó Santa Mãe do Senhor.

C: *O Ressuscitado vive entre nós. Amém. Aleluia.*

15ª Estação

Esperamos novos céus e nova terra

P: Nós vos adoramos, Senhor Jesus Cristo, e vos bendizemos!

T: Porque pela vossa santa Páscoa remistes o mundo!

Texto bíblico: 2Pd 3,13-14

L1: O que esperamos, de acordo com a sua promessa, são novos céus e uma nova terra, nos quais habitará a justiça. Caríssimos, vivendo nesta esperança, esforçai-vos para que ele vos encontre numa vida pura, sem mancha e em paz.

Comentário

L2: São Pedro afirma que nós esperamos novos céus e nova terra. Trata-se de uma nova realidade, uma nova criação. A ressurreição inaugurou essa nova criação, mas a consumação será no futuro de Deus. Caminha-se neste mundo rumo a esse futuro, onde estarão unidos para sempre o céu e a terra. Tudo se dirige para a mesma meta: o Senhor que ressuscita e vem, o mundo que chegará à sua plena realização. Então, Cristo, na força do Espírito Santo, entregará tudo ao Pai, até a comunhão perfeita das criaturas com a Trindade santa. Caminhamos, com alegria, na estrada de Jesus, para chegar à Cidade Eterna, no Reino que Deus-Trindade nos preparou.

Preces

P: Rezemos confiantes, suplicando o Reino de Deus, dizendo...

T: Venha a nós o vosso Reino!

L: O Reino é paz e justiça. Senhor, para que tenhamos um mundo melhor e mais solidário, rezemos...

L: O Reino é amor. Senhor, para que nossa vida sejam fortalecidas na amizade e no bom relacionamento com todos, rezemos...

L: O Reino é perdão. Senhor, para derrubarmos os muros da separação que colocamos entre as pessoas e saibamos acolher a todos, rezemos...

L: O Reino é o brilho da criação. Senhor, para que sejamos jardineiros que cuidam da natureza, obra de vossas mãos, rezemos...

Oração

P: Senhor, Pai Criador, vosso Filho Jesus Cristo nos prometeu um futuro de plenitude: novos céus e nova terra. Concedei-nos viver neste mundo que passa atentos aos sinais do mundo que virá e que jamais passará, pois será o vosso Reino, a nossa Pátria. Nós vos pedimos por Cristo, na unidade do Espírito Santo.

T: Amém.

P: Pela ressurreição de Cristo...

T: Guardai-nos na luz, ó Santa Mãe do Senhor.

C: *O Ressuscitado vive entre nós. Amém. Aleluia.*

Ritos finais

P: Oremos. Senhor Jesus, Senhor da vida e da ressurreição, vós que fortalecestes a fé dos apóstolos, das santas mulheres e dos discípulos, fazei-nos fortes na fé, humildes no sucesso e perseverantes na missão. Ensinai-nos a cumprir a vontade do Pai e fazei que, iluminados pelo Espírito Santo, cheguemos ao Reino que para todos nós preparastes.

T: Amém.

P: Adoremos o Senhor Jesus Cristo presente na Eucaristia, memorial da paixão, morte e ressurreição de nosso divino Redentor. No silêncio, reconheçamos o amor de Deus, que nos salvou pela Páscoa de Jesus.

(Momento de adoração silenciosa ao Santíssimo Sacramento.)

P: Apresentemos as intenções que trazemos em nosso coração (podem ser espontâneas ou em silêncio). Rezemos juntos a oração que o Senhor nos ensinou: Pai nosso...

Bênção final

P: Ó Deus, que na gloriosa ressurreição do vosso Filho destes de novo a alegria ao mundo inteiro, concedei-nos participar um dia dessa luz que nunca se apaga. Por Cristo, nosso Senhor.

T: Amém.

P: O Senhor esteja convosco!

T: Ele está no meio de nós.

P: Abençoe-vos Deus todo-poderoso, Pai e Filho e Espírito Santo.

T: Amém.

P: Vamos em paz e que o Senhor nos acompanhe.

T: Graças a Deus!

Conheça também

A série de cartazes que ilustra este livro pode ser adquirida separadamente. Os cartazes têm por objetivo ajudar a comunidade a rezar. Criados pelo artista plástico Gustavo Montebello, retratam com riqueza de detalhes e acuidade teológica cada uma das 15 estações da via-sacra da ressurreição. Podem ser colocados juntamente com os quadros da via-sacra da cruz, de modo a realçar que a cruz e a ressurreição formam uma só realidade no mistério pascal.

A Páscoa, maior festa cristã, se estende até a Festa de Pentecostes, celebrada cinquenta dias depois, quando Jesus Ressuscitado nos envia o Espírito Santo.

Para que a comunidade cristã possa vivenciar mais intensamente o Tempo Pascal, este opúsculo traz uma proposta de celebração da via-sacra da ressurreição. Trata-se de meditar as estações que expressam a ressurreição de Jesus, por meio de textos bíblicos, reflexões, orações e cânticos, revivendo a alegria da vigília pascal.

Esta proposta pode ser utilizada com criatividade e de acordo com a realidade de cada comunidade, servindo-se também da série de cartazes que expressam cada uma das estações da via-sacra da ressurreição.

Que esta celebração nos ajude a seguir os ensinamentos de Jesus, Crucificado e Ressuscitado, que venceu as trevas da morte, trazendo-nos a luz da vida em plenitude.

Dom Leomar Antônio Brustolin, arcebispo de Santa Maria, doutor em Teologia Sistemática, é membro da Comissão de Doutrina da Fé da CNBB.

Observatório Eclesial Brasil

Todos somos discípulos missionários

Papa Francisco e o laicato